Charles
Maurras

L'AVENIR
DE
L'INTELLIGENCE

Réédition 1905.

Charles Maurras

L'AVENIR DE L'INTELLIGENCE

Réédition 1905.

© 2019, AOJB
Éditeur : BoD-Books on Demand
12-14 rond-point des Champs-Élysées, 75008 Paris
Impression : Books on Demand, Norderstedt, Allemagne
ISBN : 978-2-3220-8437-1
Dépôt légal : juin 2019

Sommaire

L'illusion 6
Grandeur et décadence 10
   1. — Grandeurs passées 10
   2. — Du XVIe siècle au XVIIIe 12
   4. — L'abdication des anciens princes 16
   5. — Napoléon 19
   6. — Le XIXe siècle 21
La Difficulté 26
   8. — Les anciens privilégiés 26
   9. — Littérature de cénacle ou de révolution 28
   10. — La bibliothèque du duc de Brécé 32
   11. — Le progrès matériel et ses répercussions 33
   12. — Le barrage 37
   13. — L'industrie 39
   15. — Le socialisme 43
   16. — L'homme de lettres 46
Asservissement 47
   17. — Conditions de l'indépendance 47
   18. — L'autre marché 49
   19. — Ancilla ploutocratiae 50
   20. — Vénalité ou trahison 52
   21. — Responsabilités divisées 55
   22. — A l'étranger 58
   23. — L'Etat esclave, mais tyran 60
   24. — L'esprit révolutionnaire et l'Argent 63
   25. — L'âge de fer 66
   26. — Défaite de l'Intelligence 69
L'aventure 72

WWW.EDITIONS-AOJB.FR

L'illusion

Un écrivain bien médiocre, mais représentatif, est devenu presque fameux pour ses crises d'enthousiasme toutes les fois qu'un membre de la République des lettres se trouve touché, mort ou vif, par les honneurs officiels. Tout lui sert de prétexte, remise de médaille, érection de statue, ou pose de plaque. Pourvu que la cérémonie ait comporté des uniformes et des habits brodés, sa joie naïve éclate en applaudissements.

— Y avez-vous pris garde, dit-il, les yeux serrés, le chef de l'Etat s'est fait représenter. Nous avions la moitié du Conseil des ministres et les deux préfets. Tant de généraux ! Des régiments avec drapeau, des musiciens et leur bannière. Sans compter beaucoup de magistrats en hermine et de professeurs, ces derniers sans leur toge, ce qui est malheureux. — Et les soldats faisaient la haie ? — Ils la faisaient. — En armes ? — Vous l'avez dit. — Mais que disait le peuple ? — Il n'en croyait pas ses cent yeux !

Pareille chose ne se fut jamais vue depuis vingt-six ans. Des tambours, du canon et le déplacement des autorités pour un simple gratte-papier ! Jadis, un bon soldat, un digne commis aux gabelles purent ambitionner ces honneurs ; les auteurs, point. Ces amuseurs n'étaient pris au sérieux que d'un petit cercle condescendant.

L'illusion

Grâce aux dieux, la corporation écrivante se trouve désormais égale aux premiers de l'Etat. Elle les passe même tous. Ils ne sont que des membres, et elle est leur tête superbe. Rien ne nous borne. Rien ne nous manque non plus. Nous avions les plaisirs de la vie intellectuelle, il s'y ajoute la satisfaction des grandeurs selon la chair : pouvoir et richesse. Les Lettres et les Sciences mènent à tout. Combien d'anciens élèves de l'Ecole normale, de l'Ecole des Chartes ou de l'Ecole des Hautes Etudes devinrent présidents d'assemblées, ministres d'Etat ! Nulle dignité ne nous pare, et c'est nous qui la relevons quand nous daignons en accepter une.

Comment ne régnerions-nous pas ? Le plus certain des faits est que nous vivons sous un gouvernement d'opinion ; or cette opinion, nous en sommes les extracteurs et les metteurs en œuvre. Nous la dégageons de l'inconscient où elle sommeille et nous la modelons en formules pleines de vie. Mieux que cela. A la lettre, nous la faisons, nous la mettons au monde. Par cette fille illustre, simple et sonore, répercussion de notre pensée, une force des choses nous rend maîtres de tout.

Il faut le dire sans surprise. La puissance que nous exerçons est la seule bien légitime. Soyons plutôt surpris qu'on lui mette une borne. Mais les bornes disparaîtront. Le flot de notre fortune monte toujours. Le règne de l'Esprit sur les multitudes s'annonce, le Dieu nouveau s'installe sur son trône immortel. Rangés sous les pieds de ce monarque définitif, les Forts des anciens jours, les débris des pouvoirs matériels détruits, ceux qui représentaient soit l'énergie brutale, soit la ruse enrichie, soit l'héritage perpétué de l'une ou de l'autre de leur alliance, les dominateurs foudroyés sont à attendre les ordres que leur dicte notre Sagesse. En lui faisant la cour, en devenant nos plus diligents serviteurs, ils espèrent se laver des crimes passés. Voilà qui vaut mieux que le rêve des premiers poètes. Le fer du glaive n'est point changé en fer de charrue : l'instrument se met au service d'un peu de substance pensante, il obéit aux injonctions de notre encre d'imprimerie. N'en doutons plus, rendons justice à l'aurore des temps nouveaux.

— Et ce n'est qu'évidence pure ! ajoute le simple docteur, qui n'est point seul dans sa croyance : des esprits aussi dénués de candeur que Monsieur Georges Clemenceau osent écrire, peuvent écrire « que la souveraineté de la force brutale est en voie de disparaître et que nous nous acheminons, non sans heurts, vers la souveraineté de l'intelligence. »

Je ne demande pas s'il faut souhaiter ce régime. La dignité des esprits est de penser, de penser bien, et ceux qui n'ont point réfléchi au véritable caractère de cette dignité sont seuls flattés de la beauté d'un rêve de domination. Les esprits avertis feront la grimace et remercieront. Il ne s'agit point de cela, dans ce petit traité ! Car, de quelque façon qu'on y soit sensible, qu'on sourie d'aise ou qu'on soit choqué, nulle conception de l'avenir n'est plus fausse, bien qu'on nous la présente avec autant de netteté que de chaleur. Sans doute les faits qui la fondent ont une couleur de justesse. Mais est-ce qu'on les interprète bien ? Les comprend-on ? Les voit-on même ? Les nomme-t-on exactement ?

Oui, la troupe suit le convoi des auteurs célèbres ; on décore, on honore, on distingue aux frais du Trésor ceux d'entre nous qui semblent s'élever du commun. Ce sont des faits ; mais tous les faits veulent être éclaircis par des faits antérieurs ou contemporains, si l'on tient à les déchiffrer.

Grandeur et décadence

1. — Grandeurs passées

Tout d'abord, précisons. Nous parlons de l'Intelligence, comme on en parle à Saint-Pétersbourg : du métier, de la profession, du parti, de l'Intelligence. Il ne s'agit donc pas de l'influence que peut, en tout temps, acquérir par sa puissance l'intelligence d'un lettré, poète, orateur, philosophe ; la magie de la parole, la fécondité de la vie et de la pensée sont des forces comme les autres ; si elles sont considérables ou servies par les circonstances, elles entrent dans le jeu des autres forces humaines et *donnent* le plus ou le moins suivant elles et suivant le sort. Un juriste dirait : voilà des *espèces*. Un casuiste : des *cas*. Nous traiterons du *genre* écrivain.

Un saint Bernard, pénétrant un milieu quelconque, y agira toujours et, comme dit le peuple, il y *marquera* à coup sûr. Un esprit de moitié moins puissant que ne le fut celui de saint Bernard, mais soutenu, servi par une puissante collectivité telle que l'Eglise chrétienne, dégagera de même, et dans tous les cas, une influence appréciable. Mais le sort des individus d'exception, fussent-ils gens de plume, et le sort des grandes collectivités morales ou politiques dans lesquelles un homme de lettres peut être enrôlé, n'est pas ce que nous examinons à présent. Nous traitons de la destinée commune aux hommes de lettres, du sort de leur corporation et du lustre que lui valut le travail des deux derniers siècles.

Ce lustre n'est pas contestable ; nous fîmes tous fortune il y a quelque deux cents ans. Depuis lors, avec tout le savoir-faire ou toute la maladresse du monde, né bien ou mal, pauvre ou riche, entouré ou seul, et de quelque congrégation ou de quelque localité qu'il soit originaire, un homme dont on dit qu'il écrit et qu'il se fait lire, celui qui est classé dans la troupe des mandarins a reçu de ce fait un petit surcroît de crédit. Avec ou sans talent il circula, il avança plus aisément, car on s'écartait devant lui comme autrefois devant un gentilhomme ou devant un prêtre. Quelque chose lui vint qui s'ajoutait à lui. On le craignit, on l'honora, on l'estima, on le détesta ; de tous ces sentiments fondus en un seul s'exhalait une sorte d'estime amoureuse et jalouse pour le genre de pouvoir ou d'influence que sa profession semblait comporter. Il avait l'auréole et, si quelque uniforme l'avait fait reconnaître des populations, c'est à lui qu'on aurait fait les meilleurs saluts.

2. — Du XVIe siècle au XVIIIe

L'histoire de notre ascension professionnelle a été faite plusieurs fois. Il n'y a, je suppose, qu'à en rappeler la rapidité foudroyante. Au XVIIe siècle, les dédicaces de Corneille, les sombres réticences de La Bruyère, la triste et boudeuse formule du vieux Malherbe, qu'un poète n'est pas plus utile à l'Etat qu'un bon joueur de quilles, permettent de nous définir la condition d'un homme qu'élevait et classait la seule force de son esprit.

On fera bien d'apprendre la langue du temps avant de conclure d'une phrase ou d'une anecdote que c'était une condition toute domestique. Ni l'éclat, ni l'aisance, ni la décence, ni, à travers tous les incidents naturels à une carrière quelconque, l'honneur proprement dit n'y faisaient défaut. Le rang était considérable, mais subordonné. Les Lettres faisaient leur fonction de parure du monde. Elles s'efforçaient d'adoucir, de polir et d'amender les mœurs générales. Elles étaient les interprètes et comme les voix de l'amour, l'aiguillon du plaisir, l'enchantement des lents hivers et des longues vieillesses ; l'homme d'Etat leur demandait ses distractions, et le campagnard sa société préférée : elles ne prétendaient rien gouverner encore.

La Renaissance avait admis un ordre de choses plus souple et moins régulier ; le roi Charles IX y passait au poète Ronsard des familiarités que Louis XIV n'eût point souffertes. Cependant, au XVIe siècle comme au XVIIe, les orateurs, les philosophes, les poètes observèrent les convenances naturelles et, lorsqu'ils agitèrent de la meilleure constitution à donner à l'Etat, c'était presque toujours en évitant de rechercher l'application immédiate et la pratique sérieuse. Leurs esprits se jouaient dans des combinaisons qu'ils sentaient et nommaient fictives. Ils laissaient la politique et la théologie à ceux qui en faisaient état. Tirons notre exemple du plus délicat des sujets, de l'ordre religieux : Ronsard et ses amis pouvaient se réunir pour offrir des libations à Bacchus et aux Muses, et feindre même de leur immoler un bouc qu'ils chargeaient de bandelettes et de guirlandes ; quand il conte cette histoire de sa jeunesse, et d'un temps où la querelle de religion n'existait pas encore, le poète a bien soin de spécifier que c'était par amusement ; on n'avait pas songé, en se couronnant des fleurs de la fable, à faire vraiment les païens, non plus qu'à s'écarter des doctrines de l'Evangile.

Voilà la mesure et le trait. Les Lettres sont un noble exercice, l'art une fiction à laquelle l'esprit s'égaye en liberté. Les effets sur les mœurs sont donc indirects et lointains. On les saisit à peine. L'écrivain et l'artiste ne peuvent en tirer ni vanité ni repentir. Ils en sont ignorants autant qu'innocents. Plaire au public, se divertir entre eux, c'est le but unique. La Fontaine ne savait guère que son livre de Contes eût fait songer à mal. Ils ne se doutent qu'à demi de leur influence sur le public. S'ils déterminent quelque altération ou quelque réforme, on doit dire que c'est, en quelque sorte, à leur insu.

3. — Les lettrés deviennent rois

Or, c'est, tout au contraire, la réforme, le changement des idées admises et des goûts établis qui fut le but marqué des écrivains du XVIIIe siècle.

Leurs ouvrages décident des révolutions de l'Etat. Ce n'est rien de le constater : il faut voir qu'avant d'obtenir cette autorité, ils l'ont visée, voulue, briguée. Ce sont des mécontents. Ils apportent au monde une liste de doléances, un plan de reconstitution.

Mais ils sont aussitôt applaudis de ce coup d'audace. Le génie et la modestie de leurs devanciers du grand siècle avait assuré leur crédit. On commence par les prier de s'installer. On les supplie ensuite de continuer leur ouvrage de destruction réelle, de construction imaginaire. Et la vivacité, l'esprit, l'éloquence de leurs critiques leur procurent la vogue. Jusqu'à quel point ? Cela doit être mesuré au degré de la tolérance dont Jean-Jacques réussit à bénéficier. Il faut se rappeler ses manières, ses goûts et toutes les tares de sa personne. Que la société la plus parfaite de l'Europe, la première ville du monde l'aient accueilli et l'aient choyé ; qu'il y ait été un homme à la mode ; qu'il y ait figuré le pouvoir spirituel de l'époque ; qu'un peuple tributaire de nos mœurs françaises, le pauvre peuple de Pologne, lui ait demandé de rédiger à son usage une « constitution », cela en dit plus long que tout. Charles-Quint ramassa, dit-on, le pinceau de Titien ; mais, quand Titien peignait, il ne faisait que son métier, auquel il excellait. Quand Rousseau écrivait, il usurpait les attributs du prince, ceux du prêtre et ceux même du peuple entier, puisqu'il n'était même point le sujet du roi, ni membre d'aucun grand Etat militaire faisant quelque figure dans l'Europe d'alors. L'élite politique et mondaine, une élite morale, fit mieux que ramasser la plume de Jean-Jacques ; elle baisa la trace de sa honte et de ses folies ; elle en imita tous les coups. Le bon plaisir de cet homme ne connut de frontières que du côté des gens de lettres, ses confrères et ses rivaux.

La royauté de Voltaire, celle du monde de l'*Encyclopédie*, ajoutés à cette popularité de Jean-Jacques, établirent très fortement, pour une trentaine ou une quarantaine d'années, la dictature générale de l'Ecrit. L'Ecrit régna non comme vertueux, ni comme juste, mais précisément comme écrit. Il se fit nommer la Raison. Par gageure, cette raison n'était d'accord ni avec les lois physiques de la réalité, ni avec les lois logiques de la pensée : contradictoire et irréelle dans tous ses termes, elle déraisonnait et dénaturait les problèmes les mieux posés. Nous aurons à y revenir ; constatons que l'absurde victoire de l'Ecrit fut complète. Lorsque l'autorité royale disparut, elle ne céda point, comme on le dit, à la souveraineté du peuple ; le successeur des Bourbons, c'est l'homme de lettres.

4. — L'abdication des anciens princes

Une petite troupe de philosophes prétendus croit spirituel ou profond de contester l'influence des idées, des systèmes et des mots dans la genèse de la Révolution. Comment, se disent-ils, les idées pures, et sans corps, retentiraient-elles sur les faits de la vie ? Comment des rêves auraient-ils causé une action ? Quoique cela se voit partout à peu près chaque jour, ils le nient radicalement.

Cependant, aucun des événements publics qui composent la trame de l'histoire moderne n'est compréhensible, ni concevable, si l'on admet pas qu'un nouvel ordre de sentiments s'était introduit dans les cœurs et affectait la vie pratique vers 1789 : beaucoup de ceux qui avaient part à la conduite des affaires nommaient leur droit un préjugé ; ils doutaient sérieusement de la justice de leur cause et de la légitimité de cette œuvre de direction et de gouvernement qu'ils avaient en charge publique. Le sacrifice de Louis XVI représente à la perfection le genre de chute que firent alors toutes les têtes du troupeau : avant d'être tranchées, elles se retranchèrent ; on n'eut pas à les renverser, elles se laissèrent tomber. Plus tard, l'abdication de Louis-Philippe et le départ de ses deux fils Aumale et Joinville, pourtant maîtres absolus des armées de terre et de mer, montrent d'autres types très nets du même doute de soi dans les consciences gouvernementales. Ces hauts pouvoirs de fait, que l'hérédité, la gloire, l'intérêt général, la foi et les lois en vigueur avaient constitués, cédaient, après la plus molle des résistances, à de simples échauffourées. La canonnade et la fusillade bien appliquées auraient cependant sauvé l'ordre et la patrie, en évitant à l'humanité les deuils incomparables qui suivirent et qui devaient suivre.

— *Che coglione !* disait le jeune Bonaparte au 10 août. Ce n'est pas tout à fait le mot : ni Louis XVI, ni ses conseillers, ni ses fonctionnaires, ni Louis-Philippe, ni ses fils n'étaient ce que disait Bonaparte, ayant fait preuve d'énergie morale en d'autres sujets. Mais la Révolution s'était accomplie dans les profondeurs de leur mentalité : depuis que le philosophisme les avait pétris, ce n'étaient plus eux qui régnaient ; ce qui régnait sur eux, c'était la littérature du siècle. Les vrais rois, les lettrés, n'avaient eu qu'à paraître pour obtenir la pourpre et se la partager.

L'époque révolutionnaire marque le plus haut point de dictature littéraire. Quand on veut embrasser d'un mot la composition des trois assemblées de la Révolution, quand on cherche, pour ce ramas de gentilshommes déclassés, d'anciens militaires et d'anciens capucins, un dénominateur qui leur soit commun, c'est toujours à ce mot de lettrés qu'il faut revenir. On peut trouver leur littérature frappée de tous les signes de la caducité : temporellement, elle triompha, gouverna et administra. Aucun gouvernement ne fut plus littéraire. Des livres d'autrefois aux salons d'autrefois, des salons aux projets de réformes qui circulaient depuis 1750, de ces papiers publics aux « Déclarations » successives, la trace est continue : on arrange en texte de loi ce qui avait été d'abord publié en volume. Les idées dirigeantes sont les idées des philosophes. Si les maîtres de la philosophie ne paraissent pas à la tribune et aux affaires, c'est que, à l'aurore de la Révolution, ils sont morts presque tous. Les survivants, au grand complet, viennent jouer leur bout de rôle, avec les disciples des morts.

Le système de mœurs et d'institutions qu'ils avaient combiné jadis dans le privé, ils l'imposaient d'aplomb à la vie publique. Cette méthode eût entraîné un grand nombre de mutilations et de destructions, alors même qu'elle eût servi des idées justes : mais la plupart des idées d'alors étaient inexactes. Nos lettrés furent donc induits à n'épargner ni les choses ni les personnes. Je ne perds pas mon temps à plaindre ceux que l'on fit périr ; ils vivaient, c'étaient donc des condamnés à mort. Malheureusement, on fit tomber avec eux des institutions promises, par nature, à de plus longues destinées.

5. — Napoléon

Si l'on considère en Napoléon le législateur et le souverain, il faut saluer en lui un idéologue. Il figure l'homme de lettre couronné. Comme il s'en vante, lui qui disait : *Rousseau et moi,* ce membre de l'Institut continue la Révolution, et avec elle tout ce qu'a rêvé la littérature du XVIIIe siècle ; il le tourne en décrets, en articles de code. La Constitution de l'an VIII, le Concordat, l'Administration bureaucratique reflètent constamment les idées à la mode sur la fin de l'ancien régime. Mais, par un miracle de sens pratique dont il faut avouer le prix, Napoléon tira de ces rêveries sans solidité une apparence de réalités consistantes.

Assurément tous nos malheurs découlent de ces apparences menteuses : elles n'ont pas cessé de contrarier les profondes nécessités de l'ordre réel. Cependant nos phases de tranquillité provisoire n'eurent point d'autres causes que l'accord très réel des fictions administratives avec les fictions littéraires qui agitaient et dévoyaient tous les cerveaux. De la rencontre de ces deux fictions, et de ces deux littératures, l'une officielle, l'autre privée, naissait le sentiment, précaire mais réel, d'une harmonie ou d'une convenance relative.

Nos pères ont appelé ce sentiment celui de l'ordre. Ceux d'entre nous qui se sont demandé comme Lamartine : *Cet ordre est-il l'ordre ?* et qui ont dû répondre : *non*, tiennent le rêveur prodigieux qui confectionna ce faux ordre pour le plus grand poète du romantisme français. Ils ajoutent : pour le dernier des hommes d'Etat nationaux. Ils placent Napoléon Ier vingt coudées au-dessus de Jean-Jacques et de Victor Hugo, mais plus de dix mille au-dessous de Monsieur de Peyronet.

Il est vrai que Napoléon se présente sous un autre aspect, si, du génie civil, qui, en lui, fut tout poésie, on arrive à considérer le génie militaire. Rien de plus opposé à la mauvaise littérature politique et diplomatique que Napoléon chef d'armée : rien de plus réaliste ni de plus positif ; rien de plus national. Comme les généraux de 1792, il réveille, il stimule le fond guerrier de la nation ; il aspire les éléments du composé français, les assemble, heurte leur masse contre l'étranger ; ainsi il les éprouve, les unit et les fond. Les nouvelles ressources du sentiment patriotique se révèlent, elles se concentrent et, servies par l'autorité supérieure du maître, opposent à l'idéologie des lettrés un système imprévu de forces violentes. De ce côté, Napoléon personnifie la réponse ironique et dure des faits militaires du XIXe siècle aux songes littéraires du XVIIIe.

6. — Le XIXe siècle

Caractère général du XIXe siècle : le courant naturel de sa littérature continue les divagations de l'âge précédent ; mais la suite des faits militaires, économiques et politiques contredit ces divagations une à une.

Par exemple, considérez l'histoire des réalités européennes après la Révolution. La littérature révolutionnaire tendait à dissoudre les nations pour constituer l'unité du genre humain, et les conséquences directes de la Révolution furent, hors de France, comme dans notre France, de rallumer partout le sentiment de chaque patrie particulière et de précipiter la constitution des nationalités. Mais les lettres allemandes, anglaises, italiennes, slaves servirent, chacune dans son milieu natal, ces violentes forces physiques, et la littérature française du XIXe siècle voulut favoriser au dehors cet élan : mais, pour son compte, dans son esprit, elle demeura cosmopolite et humanitaire. Elle se prononçait, en France, à l'inverse de faits français et étrangers qu'elle avait déterminés elle-même ; elle n'utilisait les guerres de l'Empire qu'au profit des idées de la Révolution. Les faits lui offraient l'occasion d'un *Risorgimento* français : elle l'évita avec soin.

Autre exemple : les lettrés du XVIIIe siècle avaient fait décréter comme éminemment raisonnable, juste, proportionnée aux clartés de l'esprit humain et aux droits de la conscience, une certaine législation du travail d'après laquelle tout employeur, étant libre, et tout employé, ne l'étant pas moins, devaient traiter leurs intérêts communs d'homme à homme, d'égal à égal, sans pouvoir se concerter ni se confédérer avec leurs pareils, qu'ils fussent ouvriers ou patrons. Ce régime, qui n'était pas assurément le meilleur en soi, qui était même en soi détestable, paraissait néanmoins applicable ou possible dans l'état où se trouvaient les industries humaines aux environs de 1789 ou de 1802 ; c'est à peine si la moyenne industrie avait fait son apparition, la grande industrie s'indiquait faiblement, la très grande industrie n'existait pas encore. Un fait nouveau, l'un des faits que Napoléon méconnut, la vapeur, stimula les transformations. La législation littéraire de la Révolution et de Napoléon dut se heurter dès lors aux difficultés les plus graves ; de gênante et de périlleuse pour l'avenir, ou de simplement immorale, elle devint un danger immédiat, pressant et vraiment elle conspira contre l'ordre et la paix à l'intérieur. Car, dans la très grande industrie, le patron personnel s'évanouit presque partout : il fut remplacé par le mandataire d'un groupement ; quel que fût, d'ailleurs, ce nouveau chef, il acquérait, du fait des conditions nouvelles, une puissance telle qu'on ne pouvait lui opposer sans ridicule, comme un co-contractant sérieux, comme un égal légal, le malheureux ouvrier d'usine perdu au milieu de centaines ou de milliers d'individus employés au même travail que lui, et de ceux qui s'offraient pour remplaçants éventuels.

Les faits économiques, s'accumulant ainsi, révélaient chaque jour le fond absurde, odieux, fragile, des fictions légales. D'autres idées, une autre littérature, un autre esprit, auraient secondé des faits aussi graves, mais les lettrés ne comprenaient du mouvement ouvrier que ce qu'il présentait de révolutionnaire ; au lieu de construire avec lui, ils le contrariaient dans son œuvre édificatrice et le stimulaient dans son effort destructeur. Considérant comme un état tout naturel l'antagonisme issu de leurs mauvaises lois, ils s'efforcèrent de l'aigrir et de le conduire aux violences. On peut nommer leur attitude générale au cours du XIXe siècle un désir persistant d'anarchie et d'insurrection. Hugo et Béranger donnaient à la force militaire française un faux sens de libéralisme, et Georges Sand faussait les justes doléances du prolétariat.

Ainsi tout ce qu'entreprenait d'utile ou de nécessaire la Force des choses, l'Intelligence littéraire le dévoyait ou le contestait méthodiquement.

C'est le résumé de l'histoire du siècle dernier.

7. — Premières atteintes

De ces deux pouvoirs en conflit, Intelligence et Force, lequel a paru l'emporter au cours de ce même siècle ?

On n'y rencontre pas une influence comparable aux dictatures plénières du siècle précédent. On avait dit *le roi Voltaire*, mais personne ne dit *le roi Chateaubriand*, qui ne rêva que de ce sceptre, ni *le roi Lamartine*, ni *le roi Balzac*, qui aspiraient de même à la tyrannie. On n'a pas dit *le roi Hugo*. Celui-ci a dû se contenter du titre de « père », et de qui ? des poètes, des seuls gens de son métier.

En outre, les souverains qui ont gouverné la France après Napoléon se sont presque tous conformés à ses jugements, peu bienveillants, en somme, sur ses confrères en idéologie. La Restauration s'honora de la renaissance des Lettres pures ; elle les protégea, les favorisa d'un esprit si curieux et si averti que c'était, par exemple, le jeune Michelet qui allait donner des leçons d'histoire aux Tuileries. Mais le gouvernement n'en était plus à prendre au sérieux les pétarades d'un sous-Voltaire. On le fit voir à Monsieur de Chateaubriand. Villèle lui fut préféré, Villèle qui n'était ni manieur de mots, ni semeur d'images brillantes, mais le plus appliqué des politiques, le plus avisé des administrateurs, peut-être le meilleur citoyen de son siècle.

Quoique fort respectueux envers l'opinion, Louis-Philippe montra une profonde indifférence envers ceux qui la font. Il ne les craignit pas assez ; en s'appuyant sur les intérêts, il négligea imprudemment l'appui de ceux qui savent orner et poétiser le réel. Son fils aîné avait pratiqué ce grand art, et la mort du duc d'Orléans, le 13 juillet 1842, fut un des malheurs qui permirent la révolution de Février.

Le Second Empire, qui adopta peu à peu une politique toute contraire à l'égard des lettrés, en parut châtié par le cours naturel des choses ; les hommes de main, Persigny, Maupas, Saint-Arnaud, Morny, marquent précisément l'heure de sa prospérité ; quand l'Empereur se met à collaborer avec les diplomates de journaux, qu'il s'enflamme avec eux pour l'unité italienne ou s'unit à leurs vœux en faveur de la Prusse, la décadence du régime se prononce, la chute menace. Mais il faut prendre garde qu'un Emile Ollivier, plus tard un Gambetta, se donnaient déjà pour des praticiens : on les eût offensés en les mettant dans la même compagnie que Rousseau.

Sous ces divers régimes, en effet, les lettrés purent bien accéder au gouvernement. Ce n'était plus la littérature en personne qui devait régner sous leur nom. Leur ambition commune était de se montrer, avant tout, gens d'affaires et hommes d'action.

Un trait les marque assez souvent, plus que Bonaparte : c'est le profond dédain qu'ils affichent, dès la première minute du pouvoir, pour leur condition de naguère ; c'est l'autorité rogue, même un esprit d'hostilité dont ils sont animés envers leurs compagnons d'hier. Ils les casent assurément, car le cercle de leurs relations n'est étendu que de ce côté. Ils s'entourent d'un personnel de leur origine ; mais, cette origine, ils la renient volontiers, ils n'éprouvent aucune piété particulière pour le fait de tenir une plume, de mettre du noir sur du blanc. Ils se croient renseignés sur ce que vaut la Pensée et toute Pensée, car ils se rappellent la leur. De quel air, de quel ton, ce Guizot devenu président du Conseil reçoit le pauvre Auguste Comte ! Un ancien secrétaire de rédaction à la *République Française*, passé ministre des Affaires étrangères, dit à qui veut l'entendre qu'il fait peu de cas des journaux ! Un journaliste, un écrivain qui a été élu député étudie ses intonations pour écraser d'anciens confrères : « *Vous autres théoriciens !...* »

La Difficulté

8. — Les anciens privilégiés

Du jour de leur élévation les nouveaux promus ont fait une découverte. Ils s'aperçoivent que tout n'est pas dans les livres. Ils se disent que l'expérience, l'habitude des hommes, le maniement de grands intérêts sont des biens. Ils découvrent aussi les antiques distinctions de vie et de mœurs, la supériorité des manières : chez les femmes, l'affinement et la culture souveraine du goût. Ils en font aussitôt grand état et le laissent voir. Les anciens privilégiés ne peuvent manquer d'y prendre garde à leur tour et s'aperçoivent en même temps de leur force. Avec ce sentiment se forme en eux quelque dédain pour une espèce d'êtres autrefois redoutés, qu'ils ne regardent bientôt plus qu'en bêtes curieuses.

Je ne prétends pas que, pendant les cinquante ou soixante dernières années, le vieux monde français ait su cultiver le dédain avec ce vif discernement qui aurait égalé un profond calcul politique. La sagesse eût été de réprimer de mauvais sourires et de retenir des affronts qui furent souvent payés cher. L'état inorganique de la société, l'instabilité des Gouvernements ne permettaient, de ce côté, que des mouvements de passion. Ni politique orientée, ni tradition suivie. Confrontée avec les parvenus de l'Intelligence, la vieille France s'efforçait de faire sentir et de maintenir son prix ; tout en les accueillant parfois, elle fut loin de les subir, comme elle avait subi le monde de l'*Encyclopédie*. Ces sauvages ne demandaient qu'à s'apprivoiser ; ils étaient donc moins intéressants à connaître. Ils la cherchaient : elle avait donc intérêt à se dérober ; elle le fit, plus d'une fois à son dommage.

Cependant, une grande bonhomie, bien conforme au caractère de la race, présida longtemps encore aux relations, quand il s'en établit, entre les deux sphères. Rien n'était plus *aisé*, au sens complet d'un mot charmant, que l'accès de certaines demeures anciennes et de leurs habitants, fidèles aux mœurs d'autrefois. La plus exquise des réciprocités, celle du respect, faisait le fond de la politesse en usage. Une vie parfaitement simple annulait en pratique la plus voyante des inégalités, qui est celle des biens. A l'idolâtrie, dont la fin de l'ancien régime avait honoré le moindre mérite intellectuel, succédait un procédé beaucoup plus humain, qui avait l'avantage de convenir aux esprits délicats, qu'eût choqués l'excès de jadis. Un homme de haute intelligence, mais sans naissance et sans fortune, fut longtemps assuré de trouver dans les classes supérieures de la nation cet accueil de plain-pied, dont tout Français né patricien, même s'il vient du petit peuple, éprouve au plus haut point la nécessité, presque la nostalgie, pour peu qu'il se soit cultivé. Ce que Monsieur Bourget appelle un désir de sensations fines se trouvait ainsi satisfait par le jeu de quelques aimables conjonctures. Le roman, le théâtre, les *Mémoires* des deux premiers tiers de ce siècle témoignent de cet état de mœurs, devenu à peu près historique de notre temps, car il ne s'est guère conservé qu'en certaines provinces.

9. — Littérature de cénacle ou de révolution

Mais, d'une part l'Intelligence, d'autre part la Force des choses, ayant continué de développer les principes contraires dont chacune émanait, l'intelligence française du XIXe siècle poursuivait sa carrière d'ancienne reine détrônée, en se séparant de plus en plus de cette autre reine vaincue, la haute société française du même temps. Dès 1830, Sainte-Beuve l'a bien noté, les salons d'autrefois se ferment.

C'est pour toujours. La France littéraire s'est isolée ou révoltée. Elle a pensé, songé, écrit, je ne dis pas toujours loin de la foule, mais toujours loin de son public naturel : tantôt comme si elle était indifférente à ce public et tantôt comme si elle lui était hostile. Le romantisme avait produit une littérature de cénacle ou de révolution.

Le plus souvent, en effet, le romantisme ne se soucia que du jugement d'un très petit nombre d'initiés fait pour goûter le rare, le particulier, l'exotique et l'étrange. Les influences étrangères, surtout allemandes ou anglaises, depuis Rousseau et Mme de Staël, avaient agi sur certains cercles informés, plus vivement que sur le reste du public. Ces nouveautés choquèrent donc à titre double et triple le très grand nombre des lecteurs fidèles au goût du pays, qui ne voulurent accepter ni l'inconvenance ni la laideur. Et c'est pourquoi, de 1825 à 1857, c'est-à-dire de Sainte-Beuve et de Vigny à Baudelaire, et de 1857 à 1895, c'est à dire de Baudelaire à Huysmans et à Mallarmé, d'importants sous-groupes de lettrés se détachent du monde qui achète et qui lit, et se dévouent dans l'ombre à la culture de ce qu'ils ont fini par appeler *leur hystérie*.

La valeur propre de cette littérature, dite de « tour d'ivoire », n'est pas à discuter ici. Elle exista, elle creusa un premier fossé entre certains écrivains et l'élite des lecteurs. Mais, du seul fait qu'elle existait, par ses outrances, souvent assez ingénieuses, parfois piquantes, toujours infiniment voyantes, elle attira vers son orbite, sans les y enfermer, beaucoup des écrivains que lisaient un public moins rare. On n'était plus tenu par le scrupule de choquer une clientèle de gens de goût, et l'on fut stimulé par le désir de ne pas déplaire à un petit monde d'originaux extravagants.

Plus soucieuse *d'intelligence* (c'était le mot dont on usait) que de jugement, la critique servait et favorisait ce penchant ; de sorte que, au lieu de se corriger en se rapprochant des meilleurs modèles de sa race et de sa tradition, un Gautier devenait de plus en plus Gautier et abondait fatalement dans son péché, qui était la manie de la description sans mesure ; un Balzac, un Hugo ne s'efforçaient que de se ressembler à eux-mêmes, c'est-à-dire de se distinguer par les caractères d'une excentricité qui leur fût personnelle. L'intervalle devait s'accroître entre le public moyen, bien élevé, lettré, et les écrivains que lui accordait le siècle. Ils commencèrent presque tous par être non pas méconnus, mais déclarés bizarres et incompréhensibles. En tous cas, peu de sympathie. Le talent pouvait intéresser les professionnels et le très petit nombre des connaisseurs : ceux-ci, sensibles aux défauts, n'ont jamais témoigné beaucoup d'enthousiasme, et les professionnels ne composent pas un public, trop occupés de leur œuvre propre pour donner grand temps aux plaisirs d'admiration ou de critique désintéressée. Cette « littérature artiste » isola donc les maîtres de l'intelligence.

Mais, quand ils ne s'isolaient point, ils faisaient pis, ils s'insurgeaient. La communication qu'ils établissaient entre leur pensée et celle du monde se prononçait contre les forces dont ce monde était soutenu. Le succès des romans de Mme Sand, des pamphlets de Lammenais, des histoires de Lamartine et de Michelet, des deux principaux romans de Victor Hugo, des *Châtiments* du même, leur retentissement dans la conscience publique est un fait évident ; mais c'est un autre fait que ces livres s'accompagnèrent de révolutions politiques et sociales, dont ils semblaient tantôt la justification et tantôt la cause directe. Au total, dans la même mesure où elles étaient populaires, nos Lettres se manifestaient destructives des puissances de fait.

Cela n'est pas de tous les âges. Ronsard et Malherbe, Corneille et Bossuet défendaient, en leur temps, l'Etat, le roi, la patrie, la propriété, la famille et la religion. Les Lettres romantiques attaquaient les lois ou l'Etat, la discipline publique et privée, la patrie, la famille et la propriété ; une condition presque unique de leur succès parut être de plaire à l'opposition, de travailler à l'anarchie.

Le talent, le talent heureux, applaudi, semblait alors ne pouvoir être que subversif. De là, une grande inquiétude à l'endroit des livres français. Tout ce qui entrait comme un élément dans les forces publiques, quiconque même en relevait par quelque endroit, ne pouvait se défendre d'un sentiment de méfiance instinctive et de trouble obscur. L'Intelligence fut considérée comme un explosif, et celui qui vivait de son intelligence en apparut l'ennemi-né de l'ordre réel.

Ces méfaits étaient évidents et tangibles, la pensée des bienfaits possibles diminua. Les intérêts qui sont vivants se mettaient en défense contre les menaces d'un rêve audacieux.

Certes on craignit ce rêve. Mais il y eut dans cette crainte tant de haine qu'au moindre prétexte elle put se changer en mésestime.

10. — La bibliothèque du duc de Brécé

Les Lettres furent donc sensiblement délaissées, partie comme trop difficiles et partie comme dangereuses. On bâilla sa vie autrement qu'un livre à la main, l'on se passionna pour des jeux auxquels l'intelligence avait une part moins directe. Il arriva ce dont Monsieur Anatole France s'est malignement réjoui dans une page de son *Histoire contemporaine*. La bibliothèque des symboliques ducs de Brécé, qui avait accueilli tous les grands livres du XVIIIe siècle, ne posséda que la dixième partie de ceux du commencement du XIXe, *Chateaubriand, Guizot, Marchangy…* ; quant aux ouvrages publiés depuis 1850 environ, elle acquit « deux ou trois brochures débraillées, relatives à Pie IX et au pouvoir temporel, deux ou trois volumes déguenillés de romans, un panégyrique de Jeanne d'Arc… et quelques ouvrages de dévotion pour dames du monde ». On peut nous raconter que c'est la faute aux

Jésuites, éducateurs des jeunes ducs grâce à la loi Falloux ; on peut crier à la frivolité croissante des hautes classes ; pour peu que l'on raisonne au lieu de gémir, il faut tenir compte de la nature révolutionnaire ou cénaculaire des Lettres du siècle dernier.

La bonne société d'un vaste pays ne peut raisonnablement donner son concours actif à un tissu de déclamations anarchiques ou de cryptogrammes abstrus. Elle est faite exactement pour encourager tous les luxes, sauf celui-là. Le sens national, l'esprit traditionnel étaient deux fois choqués par ces nouvelles directions de l'intelligence : il n'est point permis d'oublier que les Lettres françaises furent jadis profondément conservatrices, alors même qu'elles chantaient des airs de fronde ; favorables à la vie de société, alors qu'elles pénétraient le plus secret labyrinthe du cœur humain.

11. — Le progrès matériel et ses répercussions

L'intelligence rencontrait, vers le même temps, son adversaire définitif dans les forces que les découvertes nouvelles tiraient du pays.

Ces forces sont évidemment de l'ordre matériel. Mais je ne sais pourquoi nos moralistes affectent le mépris de cette matière, qui est ce dont tout est formé. Le seul mot de progrès matériel les effarouche. Les développements de l'industrie, du commerce et de l'agriculture, sous l'impulsion de la science et du machinisme, l'énorme translation économique qu'ils ont provoquée, l'essor financier qui en résulte, l'activité générale que cela représente, l'extension de la vie, la multiplication et l'accroissement des fortunes, particulièrement des fortunes mobilières, sont des faits de la qualité la plus haute. On peut les redouter pour telle ou telle de leurs conséquences possibles. Plus on examine ces faits en eux-mêmes, moins on trouve qu'il y ait lieu de leur infliger un blâme quelconque ou de les affecter du moindre coefficient de mélancolie.

Car d'abord ils se moquent de nos sentiments et de nos jugements, auxquels ils échappent par définition. Puis, dans le cas où on leur prêterait une vie morale et une conscience personnelle, on s'aperçoit qu'ils sont innocents de la faute qu'on leur impute. Elle ne vient pas d'eux, mais de l'ordre mauvais sous lequel ils sont nés, des lois défectueuses qui les ont régis, d'un fâcheux état du pays et surtout de la niaiserie des idées à la mode.

Combinés avec tant d'éléments pernicieux, c'est merveille que d'aussi grands faits n'aient point déterminé des situations plus pénibles. Ils ne rencontraient ni institutions, ni esprit public. A peine des mœurs. L'organe mental et politique, destiné à les diriger, ou leur manquait totalement ou s'employait à les égarer méthodiquement. De là beaucoup de vices communs à toute force dont l'éducation n'est point faite, et qui cherche en tâtonnant ses régulateurs. Une force moindre se fût perdue dans cette recherche, qui continue encore énergiquement aujourd'hui. L'organisation du travail moderne et des affaires modernes n'existe pas du tout ; mais ce travail éparpillé et ces affaires en désordre témoignent de l'activité fiévreuse du temps : orageux gâchis créateur.

Il crée, depuis cinquante ans, d'immenses richesses, en sorte que le niveau commun de la consommation générale s'accroît, que l'argent circule très vite, que les anciennes réserves de capital se détruisent si l'on n'a soin de les renouveler. Les besoins augmentent de tous les côtés et ils se satisfont autour de nous si largement, que, surtout dans les villes, l'on sent une mauvaise honte à rester en dehors de ce mouvement général. D'un bout à l'autre de la nation, la première simplicité de vie disparaît. Qui possède est nécessairement amené à prendre sa part des infinies facilités d'usufruit qui le tentent. Ce n'est pas simple désir de jouir, ni simple plaisir à jouir ; c'est aussi habitude, courant de vie, entraînante contagion. Ce progrès dans le sens de l'abondance ne pouvait d'ailleurs se produire sans de nombreuses promotions d'hommes nouveaux aux bénéfices de la vie la plus large, ces promus ne pouvaient manquer aux habitudes de faste un peu insolent qui, de tout temps, les ont marqués.

Mais, trait bien propre à ce temps-ci, le faste n'est plus composé, comme autrefois, d'un certain nombre de superfluités faciles à dédaigner ni des objets du luxe proprement dit. Le nouveau luxe en son principe fut un accroissement du confortable, un aménagement plus intelligent de la vie, le moyen de valoir plus, d'agir davantage, la multiplication des facilités du pouvoir. Pour prendre un exemple, comparez donc un riche d'aujourd'hui en état de se déplacer comme il le veut à cet homme prisonnier du coin de son feu par économie ou par pauvreté ; la faculté de voyager instituera bientôt des différences personnelles : bientôt, au bénéfice du premier, que de supériorités écrasantes !

On se demande ce que fût devenue l'ancienne société française si elle s'en était tenue à ses vieilles mœurs.

Ou se résorber dans les rangs inférieurs, ou se plier à la coutume conquérante, elle ne put choisir qu'entre ces deux partis. Pour se garder et se conserver crédit ou puissance, il lui fallut adopter à bien des égards la manière éclatante des parvenus. Le mariage, l'agriculture, certaines industries, et quelquefois telle spéculation heureuse, se chargèrent de pourvoir aux besoins qui devenaient disproportionnés. Le Turcaret moderne disposait de l'avantage du nombre et d'autres supériorités qu'il fit sonner et qui le servirent. Il arriva donc que l'argent, qui eut jadis pour effet de niveler les distinctions de classe et de société, accentua les anciennes séparations ou plutôt en creusa de toutes nouvelles. Il s'établit notamment de grandes distances entre l'Intelligence française et les représentants de l'Intérêt français, de la Force française, ceux de la veille ou ceux du jour.

Une vie aristocratique et sévèrement distinguée était née de l'alliance de certaines forces avec la plupart des noms de la vieille France ; incorporelle de sa nature, incapable de posséder ni d'administrer l'ordre matériel, l'Intelligence pénètre en visiteuse cette nouvelle vie et ce monde nouveau, elle peut s'y mêler, et même y fréquenter ; elle commence à s'apercevoir qu'elle n'en est point.

12. — Le barrage

Voici donc la situation.

L'industrie et son machinisme fait abonder la richesse, et la richesse a compliqué la vie matérielle des hautes classes françaises. Cette vie est donc devenue de plus en plus différente de la vie des autres classes. Différence qui tend encore à s'accentuer. Les besoins satisfaits établissent des habitudes et engendrent d'autres besoins. Besoins nouveaux de plus en plus coûteux, habitudes de plus en plus recherchées, et qui finissent par établir des barrages dont l'importance augmente. Tantôt rejetés en deçà de cette limite, tantôt emportés par-dessus, les individus qui y passent se succèdent avec plus ou moins de rapidité ; en dépit de ces accidents personnels, les distances sociales s'allongent sans cesse. Ni aujourd'hui ni jamais, la richesse ne suffit à *classer* un homme ; mais aujourd'hui plus que jamais, la pauvreté le *déclasse*. Non point seulement s'il est pauvre, mais s'il est de petite fortune et que le parasitisme ou la servitude lui fasse horreur, le mérite intellectuel se voit rejeté et exclu d'un certain cercle de vie.

Il n'en doit accuser ni les hommes, ni les idées, ni les sentiments. Aucun préjugé n'est coupable, ni aucune tradition. C'est la vie générale qui marche d'un tel pas qu'il est absolument hors de ses moyens de la suivre, pour peu qu'il veuille y figurer à son honneur. Il la visite en étranger, à titre de curieux ou de curiosité. Absent pour l'ordinaire, on le traite en absent : c'est-à-dire que des mœurs qui se fondent sans lui font abstraction de sa personne, de son pouvoir, de sa fonction. On l'ignore, et c'est en suite de l'ignorance dans laquelle il a permis de le laisser qu'on en vient à le négliger. De la négligence au dédain, ce n'est qu'une nuance que la facilité et les malignités de la conversation ont fait franchir avant que personne y prenne garde.

Au temps où la vie reste simple, la distinction de l'Intelligence affranchit et élève même dans l'ordre matériel ; mais, quand la vie s'est compliquée, le jeu naturel des complications ôte à ce genre de mérite sa liberté, sa force : il a besoin pour se produire d'autre chose que de lui-même et, justement, de ce qu'il n'a pas.

Les intéressés, avertis par les regards et par les rumeurs, en conviennent parfois entre eux. Mais leur découverte est récente, parce que d'autres phénomènes, plus anciens et tout contraires en apparence, empêchaient de voir celui-ci.

Examinons ces apparences qui ne trompent plus.

13. — L'industrie

Pour les mieux voir, supposons-nous plus jeunes d'un siècle et demi environ. Supposons que, dans la seconde moitié du XVIIIe siècle, le monde des ducs de Brécé, avec la clientèle à laquelle ils donnaient le ton de la mode, se fût détourné des plaisirs de littérature et de philosophie. Cette défaveur se serait traduite tout aussitôt par ce que nous appellerions aujourd'hui une crise de librairie. Constatons que rien de pareil ne s'est produit de nos jours, sauf depuis une dizaine d'années et pour des causes qui n'ont rien à voir avec tout ceci ; dans la seconde moitié du XIXe siècle, les personnes de qualité ont pu renoncer au livre ou se mettre à lire plus mollement sans que la librairie en fût impressionnée. Ces personnes ne forment donc plus qu'un îlot négligeable dans l'énorme masse qui lit.

Et cette masse lit parce qu'elle a besoin de lire, d'abord en vertu des conditions nouvelles de la vie qui l'ont obligée à apprendre à lire. Ayant appris à lire elle a dû chercher dans cette acquisition nouvelle autre chose que le moyen de satisfaire à la nécessité immédiate ; elle a demandé à la lecture des émotions, des divertissements, de quoi sortir du cercle de ses travaux, de quoi se passionner et de quoi jouer. Le genre humain joue toujours avec ses outils. Et, du fait de ce jeu, ce qu'on appelle le public s'est donc trouvé soudainement et infiniment étendu. L'instruction primaire, la caserne, le petit journal paraissent des institutions assez solides pour qu'on soit assuré de la consistance et de la perpétuité de ce public nouveau. Il s'étendra peut-être encore. Dans tous les cas, aussi longtemps que la civilisation universelle subsistera dans les grandes lignes que nous lui voyons aujourd'hui, la lecture ou une occupation analogue est appelée à demeurer l'un de ses organes vitaux. On pourra simplifier et généraliser les modes de lecture au moyen de graphophones perfectionnés. L'essentiel en demeurera. Il subsistera, d'une part, une foule attentive, ce qui ne veut pas dire crédule ni même croyante, et, d'autre part, des hommes préposés à la renseigner, à la conseiller et à la distraire.

Un débouché immense fut ainsi offert à la nation des écrivains. Bien avant le milieu du siècle, ils se sont aperçus qu'on pouvait fonder un commerce, et la littérature dite industrielle s'organisa. On usa de sa plume et de sa pensée, comme de son blé ou de son vin, de son cuivre ou de son charbon. *Vivre en écrivant* devint « la seule devise », observait le clairvoyant Sainte-Beuve. Le théâtre et le roman surtout passèrent pour ouvrir une fructueuse carrière. Mais la poésie elle-même distribua ce qu'on appelle la richesse, puisqu'elle la procura simultanément à Lamartine et à Hugo. Ni Alexandre Dumas, ni Zola, ni Ponson du Terrail, dont les profits furent donnés pour fantastiques, n'ont dépassés sur ce point les deux grands poètes. La vraie gloire était évaluée en argent, les succès d'argent en reçurent, par une espèce de reflet, les fausses couleurs de la gloire.

14. — Très petite industrie

En tous cas, ces succès permirent à l'homme de lettres de se dire qu'il assurait désormais son indépendance, ce qui est théoriquement possible, quoique de pratique assez difficile ; mais, quand il se flattait de maintenir ainsi la prépondérance de sa personne et de sa qualité, il se heurtait à l'impossible.

La faveur d'un salon, d'un grand personnage, d'une classe puissante et organisée, constituait jadis une force morale qui n'était pas sans solidité ; cela représentait des pouvoirs définis, un concours énergique, une protection sérieuse. Au contraire, que signifient les cent mille lecteurs de Monsieur Ohnet, sinon la plus diffuse et la plus molle, la plus fugitive et la plus incolore des popularités ? Un peu de bruit matériel, rien de plus, sinon de l'argent.

Comptons-le, cet argent. Nous verrons qu'il est loin de constituer une force qui permette à son possesseur d'accéder à la vie supérieure de la nation, de manière à ne rencontrer, dans sa sphère nouvelle, que des égaux. Il se heurtera constamment à des puissances matérielles infiniment plus fortes que la sienne. Les sommes d'argent qui représentent son gain peuvent être considérables, soit à son point de vue, soit à celui de ses confrères. Mais l'argentier de profession, qui est à la tête de la société moderne, ne peut que les prendre en pitié.

Un moraliste qui se montre pénétrant toutes les fois que, laissant à part les systèmes, il se place devant les choses, Monsieur Georges Fonsegrive, a remarqué que le plus gros profit de l'industrie littéraire de notre temps est revenu à Monsieur Émile Zola. Mais ce profit, évalué au chiffre de deux ou trois millions, est de beaucoup inférieur à la moyenne des bénéfices réalisés dans le même temps, et à succès égal, par les Zola du sucre, du coton, du chemin de fer. C'est par dizaines de millions que se chiffre en effet la fortune du grand sucrier ou du grand métallurgiste. En tant qu'affaire pure, la littérature est donc une mauvaise affaire et les littérateurs sont de très petits fabricants. Il est même certain que les Zola des denrées coloniales et de la pharmacie réalisent des bénéfices dix et cent fois supérieurs à ceux des Menier et des Géraudel de la littérature, ces derniers sont condamnés à subir, toujours au point de vue argent, ou le dédain, ou la protection des premiers. La hauteur à laquelle les parvenus de l'industrie proprement dite auront placé leur vie normale dépassera toujours le niveau accessible à la maigre industrie littéraire.

La médiocrité est le partage des meilleurs marchands de copie. S'ils s'en contentent, ils gagnent de rester entiers, mais ils se retirent d'un monde où leur fortune ne les soutient plus. Ils s'y laissent donc oublier et perdent leur rang d'autrefois. Ils le perdent encore s'ils se décident à rester, malgré l'infériorité de leurs ressources : ils reviennent à la servitude, au parasitisme, à la déconsidération, bref à tout ce qu'ils se flattaient d'éviter en vivant des produits de leur industrie : mais ils n'y auront plus le rang honorable des parents pauvres que l'on aide, ce seront des intrus qu'on subventionne par sottise ou par terreur.

Et voilà bien, du reste, ce que craignent les plus indépendants ; ils mettent toute leur habileté, toute leur souplesse à s'en défendre. Pendant que l'on envie l'autorité mondaine ou le rang social conquis d'une plume féconde, ces heureux parvenus de la littérature ne songent souvent qu'au problème difficile de concilier le souci de leur dignité et le montant de leur fortune avec les exigences d'un milieu social qu'il leur faut parfois traverser. Exercice assez comparable à celui qui consiste à couvrir d'encre noire les grisailles d'un vieux chapeau, et qui n'est ni moins laborieux ni moins compliqué. Oblique prolongement de la vie de bohème !

15. — Le socialisme

On me dit que le socialisme arrangera tout.

Lorsque le mineur deviendra propriétaire de la mine, l'homme de lettres recevra la propriété des instruments de publicité qui sont affectés à son industrie ; il cessera d'être exploité par son libraire ;

son directeur de journal ou son directeur de revue ne s'engraisseront plus du fruit de ses veilles, le produit intégral lui en sera versé.

Devant ce rêve, il est permis d'être sceptique ou d'être inquiet. Je suis sceptique, si la division du travail est maintenue : car, de tout temps, les Ordres actifs, ceux qui achètent, vendent, rétribuent et encaissent, se sont très largement payés des peines qu'ils ont prises pour faire valoir les travaux des pauvres Ordres contemplatifs. S'il y a des libraires ou des directeurs dans la chiourme socialiste, ils feront ce qu'ont fait leurs confrères de tous les temps : avec justice s'ils sont justes, injustement dans l'autre cas, qui n'est pas le moins naturel.

Mais, si l'on m'annonce qu'il n'y aura plus ni libraires ni directeurs, c'est pour le coup que je me sentirai inquiet : car qu'est-ce qui va m'arriver ? Est-ce que le socialisme m'obligera à devenir mon propre libraire ? Serai-je en même temps écrivain, directeur de journal, directeur de revue, et, dieux du Ciel ! maître-imprimeur ? J'honore ces professions. Mais je ne m'y connais ni aptitude, ni talent ni goût, et je remercie les personnes qui veulent bien tenir ma place dans ces fonctions et s'y faire mes intendants pour l'heureuse décharge que leur activité daigne me procurer ; la seule chose que je leur demande, quand traités sont signés et comptes réglés, est de faire au mieux leurs affaires, pour se mêler le moins possible de la mienne qui n'est que de mener à bien ma pensée ou ma rêverie.

Ces messieurs ne feraient rien sans nous assurément ! Mais qu'est-ce que nous ferions sans eux ? L'histoire entière montre que, sauf des exceptions aussi merveilleuses que rares, les deux classes, les deux natures d'individus sont tranchées et irréductibles l'une à l'autre. Ne les mêlons pas. Un véritable écrivain doué pour faire sa fortune sera toujours bien distancé par un bon imprimeur ou un bon marchand de papier également doué pour le même destin. Le régime socialiste ne peut pas changer grand-chose à cette loi de la nature : il y a là, non point des quantités fixées qui peuvent varier avec les conditions économiques et politiques, mais un rapport psychologique qui se maintient quand les quantités se déplacent.

Qu'espèrent les socialistes de leur système ? Un peu plus de justice, un peu plus d'égalité ? Je le veux. Mais, que la justice et l'égalité abondent ou bien qu'elles se raréfient dans la vie d'un Etat, le commerçant reste commerçant, le poète, poète : pour peu que celui-ci s'absente dans son rêve, il perd un peu du temps que l'autre continue d'utiliser à courir l'or qu'ils cherchent ensemble. L'or socialiste reste donc aux doigts du commerçant socialiste dont le poète socialiste reste assez démuni.

Il faut laisser la conjecture économique, qui ne saurait changer les cœurs, en dépit des braves prophéties de Benoît Malon. Il faut revenir au présent.

16. — L'homme de lettres

Devenue Force industrielle, l'Intelligence a donc été mise en contact et en concurrence avec les Forces du même ordre mais qui la passent de beaucoup comme force et comme industrie. Les intérêts que représente et syndique l'Intelligence s'évaluant par millions au grand maximum, et les intérêts voisins par dizaines et par centaines de millions, elle apparaît, à cet égard, bien débordée. Ce n'est point de ce côté-là qu'elle peut tirer avantage, ni seulement égalité.

Tout ce que l'on observe de plus favorable en ce sens, c'est que, de nos jours, un écrivain adroit et fertile ne manquera pas de son pain. Comme on dit chez les ouvriers, l'ouvrage est assuré. Il a la vie à peu près sauve et, s'il n'est pas trop ambitieux de parvenir, de jouir ou de s'enrichir, si, né impulsif, tout pétri de sensations et de sentiment, son cœur-enfant, de qui dépend l'effort cérébral quotidien, est assez fort pour se raidir contre les tentations ou réagir contre les dépressions ou contre les défaites, il peut se flatter de rester, sa vie durant, propriétaire de sa plume, maître d'exprimer sa pensée.

Je ne parle que de sa condition présente en 1905. Elle peut devenir beaucoup plus dure avec le temps. Aujourd'hui, elle est telle : débouchés assez vastes pour assurer sa subsistance, assez variés pour n'être point trop vite entraîné au mensonge et à l'intrigue alimentaire. Aucun grand monopole n'est encore fondé du côté des employeurs ; du côté des employés, aucun grand syndicat n'a acquis assez de puissance pour imposer une volonté uniforme. Mais gare à demain.

Asservissement

17. — Conditions de l'indépendance

Non contentes, en effet, de vaincre l'Intelligence par la masse supérieure des richesses qu'elles procréent, les autres Forces industrielles ont dû songer à l'employer. C'est le fait de toutes les forces. Impossible de les rapprocher sans qu'elles cherchent à se soumettre et à s'asservir l'une l'autre.

Une sollicitation permanente s'établit donc, comme une garde, aux approches de l'écrivain, en vue de le contraindre à échanger un peu de son franc-parler contre de l'argent. Et l'écrivain ne manque pas d'y céder en quelque mesure, soit qu'il se borne à grever légèrement l'avenir par des engagements outrés, soit qu'il laisse fléchir son goût, ses opinions devant la puissance financière de son journal, de sa revue ou de sa librairie : mais qu'il sacrifie les exigences et la fantaisie de son art ou qu'il aliène une parcelle de sa foi, l'orgueilleux qui se proposait de mettre le monde à ses pieds se trouve aussitôt prosterné aux pieds du monde. L'Argent vient de le traiter comme une valeur et de le payer ; mais il vient, lui, de négocier comme une valeur ce qui ne saurait se chiffrer en valeurs de cette nature ; il est donc en train de perdre sa raison d'être, le secret de sa force et de son pouvoir, qui consistent à n'être déterminé que par des considérations du seul ordre intellectuel. Sa pensée cessera d'être le pur miroir du monde et participera de ces simples échanges d'action et de passion, qui forment la vie du vulgaire. La seule liberté qui soit sera donc menacée en lui ; en lui, l'esprit humain court un grand risque d'être pris.

Il peut même lui arriver de se faire perdre par un fallacieux espoir de se délivrer : les sommes qu'on lui offre ne sont-elles point le nerf de sa liberté ? Riche, il sera indépendant. Il ne voit pas que ce qu'il nomme la richesse sera toujours senti par lui, en comparaison avec le milieu, comme étroite indigence et dure pauvreté. Il peut être conduit, par ce procédé, d'aliénation en aliénation nouvelle, à l'entière vente de soi.

L'indépendance littéraire n'est bien réalisée, si l'on y réfléchit, que dans le type extrême du grand seigneur placé par la naissance ou par un coup de fortune au-dessus des influences et du besoin (un La Rochefoucauld, un Lavoisier, si l'on veut), et dans le type correspondant du gueux soutenu de pain noir, désaltéré d'eau pure, couchant sur un grabat, chien comme Diogène ou ange comme saint François, mais trop occupé de son rêve, et se répétant trop son *unum necessarium* pour entrevoir qu'il manque des commodités de la vie. Pour des raisons diverses, ils sont libres, étant sans besoins, tous les deux. Ils pensent pour penser et écrivent pour leur plaisir. Ils ne connaissent aucune autre joie profonde. Pour ceux-là, les seuls dans le vrai, écrire est peut-être un métier. Ce ne sera jamais une profession.

Ces âmes vraiment affranchies comprennent assez mal ce qu'on veut entendre par les mots de traité, de marché ou de convention en littérature. Qu'on échange un livre contre de l'or, la commune mesure qui préside à ce troc n'apparaît guère à leur jugement. Elles ont, une fois pour toutes, distingué de la vie pratique l'existence spéculative, celle-ci à son point parfait.

Belles vies, qui sont menacées de plus en plus ! Moins encore par cette faiblesse des caractères qu'on ne saurait être étonné de trouver chez des hommes qui font profession de rêver, que par la souple activité des industriels qui battent leur monnaie avec du talent. Du moment que l'Intelligence est devenue un capital et qu'on peut l'exploiter avec beaucoup de fruit, des races d'hommes devaient naître pour lui faire la chasse, car on y a le plus magnifique intérêt.

18. — L'autre marché

Bien des lettrés ressentent un charme vaniteux à se dire qu'ils sont l'objet d'aussi vives poursuites. Ces profondes coquettes s'imaginent triompher de nos pronostics.

— Comment nierez-vous sans gageure l'importance d'une profession si courue ? Comment oser parler de la décadence d'un titre qui est « demandé » au plus haut cours ? Certes nous valons mieux que tous les chiffres alignés ; mais, même de ce point de vue, notre valeur marchande ne laisse pas de nous rassurer contre l'avenir.

… Ce qui revient à dire :

— Valant très cher, nous sommes à l'abri de la vente ; étant fort recherchés, n'étant exposés à nous vendre qu'à des prix fous, nous sommes défendus du soupçon de vénalité…

Eh ! c'est cette recherche de la denrée intellectuelle sur un marché économique qui fait le vrai péril de l'Intelligence contemporaine. Péril qui paraît plus pressant quand on observe qu'elle est aussi demandée de plus en plus et répandue de mieux en mieux sur un autre marché : le marché de la politique.

19. — Ancilla ploutocratiae

En effet, par suite de cent ans de Révolution, la masse décorée du titre de public s'estime revêtue de la souveraineté en France. Le public étant roi de nom, quiconque dirige l'opinion du public est le roi de fait. C'est l'orateur, c'est l'écrivain, dira-t-on au premier abord. Partout où les institutions sont devenues démocratiques, une plus-value s'est produite en faveur de ces directeurs de l'opinion. Avant l'imprimerie, et dans les Etats d'étendue médiocre, les orateurs en ont bénéficié presque seuls. Depuis l'imprimerie et dans les grands Etats, les orateurs ont partagé leur privilège avec les publicistes. Leur opinion privée fait l'opinion publique. Mais, cette opinion privée, il reste à savoir qui la fait.

La conviction, la compétence, le patriotisme, répondra-t-on, pour un certain nombre de cas. Pour d'autres, plus nombreux encore, l'ambition personnelle, l'esprit de parti, la discipline du parti. En d'autres enfin, *moins nombreux qu'on ne le dit et plus nombreux qu'on ne le croit*, la cupidité. Dans tous les cas, sans exception, ce dernier facteur est possible, il peut être évoqué ou insinué. Nulle opinion, si éloquente et persuasive qu'on la suppose, n'est absolument défendue contre le soupçon de céder, directement ou non, à des influences d'argent. Tous les faits connus, tous ceux qui se découvrent conspirent de plus en plus à représenter la puissance intellectuelle de l'orateur et de l'écrivain comme un reflet des puissances matérielles. Le désintéressement personnel se préjuge parfois ; il ne se démontre jamais. Aucun certificat ne rendra à l'Intelligence et, par suite, à l'Opinion l'apparence de liberté et de sincérité qui permettrait à l'une et à l'autre de redevenir les reines du monde. On doute de leur désintéressement, c'est un fait, et, dès lors, l'Intelligence et l'Opinion peuvent ensemble procéder à la contrefaçon des actes royaux ;

c'en est fait pour toujours de leur royauté intellectuelle et morale.

Elles seront toujours exposées à paraître ce qu'elles ont été, sont et seront souvent, les organes de l'Industrie, du Commerce, de la Finance, dont le concours est exigé de plus en plus pour toute œuvre de publicité, de librairie, ou de presse. Plus donc leur influence nominale sera accrue par les progrès de la démocratie, plus elles perdront d'ascendant réel, d'autorité et de respect. Un écrivain, un publiciste, donnera de moins en moins son avis, dont personne ne ferait cas : il procédera par insinuation, notation de rumeurs « tendancieuses », de nouvelles plus ou moins vraies. On l'écoutera par curiosité. On se laissera persuader machinalement, mais sans lui accorder l'estime. On soupçonnera trop qu'il n'est pas libre dans son action et qu'elle est « agie » par des ressorts inférieurs. Le représentant de l'Intelligence sera tenu pour serf, et de maîtres infâmes. Un pénétrant critique notait, au milieu du siècle écoulé, que *la tête semblait perdre de plus en plus le gouvernement des choses*. Il dirait aujourd'hui que les hommes sont de plus en plus tirés par leurs pieds.

20. — Vénalité ou trahison

Un fanatisme intempéré pose vite ses conclusions. Tout ce qui lui échappe ou lui déplaît s'explique avec limpidité par les présents du roi de

Perse. L'étude des faits donne souvent raison à cette formule simpliste, qui a le malheur de s'appliquer à tort et à travers. Lors même qu'elle est juste, cette explication n'est pas toujours suffisante.

Deux exemples, choisis dans une même période historique, peuvent éclaircir cette distinction. Il est certain que les campagnes de presse faites en France pour l'unité italienne furent stimulées par de larges distributions d'or anglais ; mais, si caractéristique que soit le fait au point de vue de la politique européenne, il mérite à peine un regard de l'historien philosophe, qui se demandera simplement *quel intérêt avait l'Angleterre à ceci.* Tout ce que nous savons de la direction de l'esprit public en France, de 1852 à 1859, et des dispositions personnelles de Napoléon III, montre bien que, même sans or anglais, l'opinion nationale se serait agitée en faveur de « la pauvre Italie ». Les germes de l'erreur étaient en suspension dans l'atmosphère du temps ; le problème, une fois posé, ne pouvait être résolu que d'une façon par la France du milieu du siècle. On peut aller jusqu'à penser que la finance anglaise faillit commettre un gaspillage : cette distribution accomplie au moment propice, appliquée aux meilleurs endroits, n'eut d'autre effet que de faciliter leur expression aux idées, aux sentiments, aux passions, qui s'offraient de tous les côtés. Peut-être aussi la cavalerie de Saint-Georges servit-elle à mieux étouffer la noble voix des Veuillot et des Proudhon, traités d'ennemis du progrès. L'opinion marchant toute seule, on n'avait qu'à la soutenir.

Asservissement

Elle fut bien moins spontanée, lors de la guerre austro-prussienne. Certes, la presse libérale gardait encore de puissants motifs de réserver toute sa faveur à la Prusse, puissance protestante en qui revivaient, disait-on, les principes de Voltaire et de Frédéric. Le germanisme romantique admirait avec complaisance les efforts du développement berlinois. Cependant le mauvais calcul politique commençait d'apparaître : il apparaissait un peu trop. Plusieurs libéraux dissidents, qu'il était difficile de faire appeler visionnaires, sentaient le péril, le nommaient clairement à la tribune et dans les grands journaux. Ici, le fonds *reptilien* formé par Monsieur de Bismarck s'épancha. La Prusse eut la paix tant qu'elle paya, et, quand elle voulut la guerre, elle supprima les subsides. Rien n'est mieux établi que cette participation de publicistes français, nombreux et influents, au budget des Affaires étrangères prussiennes.

Fût-ce un crime absolument ? Ne forçons rien et, pour comprendre ce qu'on put allier de sottise à ce crime, souvenons-nous de ce qu'était la Prusse, surtout de ce qu'elle semblait être, entre 1860 et 1870. Le publiciste français qui en ce moment *toucherait* (c'est le mot propre) à l'ambassade d'Allemagne ou d'Angleterre se jugerait lui-même un traître. Mais une mensualité portugaise ou hollandaise ou, comme naguère encore, transvaalienne, serait-elle affectée du même caractère dans une conscience qu'il faut bien établir au niveau moyen de la moralité d'aujourd'hui ? Peut-être enfin que recevoir une mensualité du tsar ou du pape lui paraîtrait, je parle toujours suivant la même moyenne, œuvre pie ou patriotique. Et le Japon ? Doit-on *recevoir* du Japon ? Cela pouvait se discuter l'année dernière. La Prusse de 1860 est une sorte de Japon, de Hollande en voie de grandir. Beaucoup acceptèrent ses présents avec plus de légèreté, d'irréflexion, de cupidité naturelle que de scélératesse.

C'est un fait qu'ils les acceptèrent ; si le moraliste incline à l'excuse, le politique constate avec épouvante que de simples faits de cupidité privée retentirent cruellement sur les destinées nationales. On peut dire : la vénalité de notre presse fut un élément de nos désastres français. L'étranger pesa sur l'Opinion française par l'intermédiaire de l'Intelligence française. Si cette opinion ne réagit point *avant* Sadowa, si, *après* Sadowa, elle n'imposa point une politique énergique à l'empereur, c'est à l'Intelligence mue par l'argent, parce qu'elle était sensible à l'argent, qu'en remonte toute la faute. Non seulement l'Intelligence ne fit pas son métier d'éclairer et d'orienter les masses obscures ; elle fit le contraire de son métier, elle les trompa.

21. — Responsabilités divisées

On se demande seulement jusqu'à quel point l'Intelligence d'un pays est capable de discerner, par elle-même, en quoi consistent son métier et ses devoirs. On peut déclamer contre la Presse sans Patrie. Mais c'est à la Patrie de se faire une Presse, nullement à la Presse, simple entreprise industrielle, de se vouer au service de la Patrie. Ou plutôt, Patrie, Presse, tout cela est de la pure mythologie ! Il n'y a pas de Presse, mais des hommes qui ont de l'influence par la Presse, et nous venons de voir que, étant hommes et simples particuliers, ils sont menés en général par des intérêts privés et immédiats.

Beaucoup d'entre eux purent traiter avec les amis de Bismarck, comme ils traiteraient aujourd'hui avec les envoyés du roi de Roumanie ou de la reine de Hollande. L'étourderie, le manque de sens politique suffisait à les retourner presque à leur insu contre leur pays. Si l'on dit que le patriotisme les obligeait à ne pas faire les étourdis et à se garder vigilants, je répondrai que le patriotisme ne se fait pas également sentir à tous les membres d'une même Patrie. Pour quelques-uns, il est le centre même d'une vie physique et morale ; pour d'autres, c'en est un accessoire à peine sensible : il faut des maux publics immenses pour en avertir ces derniers.

Le devoir patriotique ne s'impose à tous et toujours que dans les manuels ; il s'y impose en théorie et non pas comme sentiment, comme fait. Dès que nous parlons fait, nous touchons à de grands mystères. Une patrie destinée à vivre est organisée de manière que ses obscures nécessités de fait soient senties promptement dans un organe approprié, cet organe étant mis en mesure d'exécuter les actes qu'elles appellent ; si vous enlevez cet organe, les peuples n'ont plus qu'à périr.

L'illusion de la politique française est de croire que de bons sentiments puissent se maintenir, se perpétuer par eux-mêmes et soutenir ainsi d'une façon constante l'accablant souci de l'Etat. Les bons sentiments, ce sont de bons accidents. Ils ne valent guère que dans le temps qu'ils sont sentis : à moins de procéder d'organes et d'institutions, leur source vive, qu'il faut alors défendre et maintenir à tout prix, ils sont des fruits d'occasion, ils naissent de circonstances et de conjonctures heureuses. Il faut se hâter de saisir conjonctures, circonstances, occasions, pour tâcher d'en tirer quelque chose de plus durable. C'est quand les simples citoyens se sont fait, pour quelques instants, une âme royale, qu'ils sont bons à faire des rois. L'invasion normande au IXe siècle, l'invasion anglaise au XVe n'auraient rien fait du tout si elles s'étaient bornées à susciter ou à consacrer le sentiment national en France : leur œuvre utile aura été, pour la première, de susciter et, pour la seconde, de consacrer la dynastie des rois capétiens. Les revers de l'Allemagne en 1806 lui donnèrent le sentiment de sa vigueur. Ce sentiment n'eût servi à rien sans les deux fortes Maisons qui l'utilisèrent, l'une avec Metternich, et l'autre avec Bismarck.

Nous ne manquions pas de patriotisme. Il nous manquait un Etat bien constitué. Un véritable

Etat français aurait su faire la police de sa Presse et lui imprimer une direction convenable ; mais, en sa qualité d'Etat plébiscitaire, l'Empire dépendait d'elle à quelque degré. Il ne pouvait ni la surveiller, ni la tempérer véritablement. Elle était devenue force industrielle, machine à gagner de l'argent et à en dévorer, mécanisme sans moralité, sans patrie et sans cœur. Les hommes engagés dans un tel mécanisme sont des salariés, c'est-à-dire des serfs, ou des financiers, c'est-à-dire des cosmopolites. Mais les serfs sont toujours suffisamment habiles pour se tromper ou se rassurer en conscience quand l'intérêt leur a parlé ; les financiers n'ont pas à discuter sur des scrupules qu'ils n'ont plus. Ce n'est pas moi, c'est Monsieur Bergeret qui en fait la remarque : « les traitants de jadis » différaient en un point de ceux d'aujourd'hui ; « ces effrontés pillards dépouillaient leur patrie et leur prince sans du moins être d'intelligence avec les ennemis du royaume » ; « au contraire », leur successeurs vendent la France à « une puissance étrangère » : « car il est vrai que la Finance est aujourd'hui une puissance et qu'on peut dire d'elle ce qu'on disait autrefois de l'Eglise, qu'elle est parmi les nations une illustre étrangère ».

22. — A l'étranger

Force aveugle et flottante, pouvoir indifférent, également capable de détruire l'Etat et de le servir, *l'Intelligence nationale,* vers le milieu du siècle, *pouvait être tournée contre l'intérêt national, quand l'or étranger le voulait.*

Il n'en fut pas tout à fait de même dans les pays où l'Opinion publique ne dispose pas d'une autorité sans bornes précises. Ces gouvernements militaires, nommés royautés ou empires et renouvelés par la seule hérédité, échappent en leur point central aux prises de l'Argent. En Allemagne ou en Angleterre, l'Argent ne peut pas constituer le chef de l'Etat puisque c'est la naissance et non l'Opinion qui le crée. Quelles que soient les influences financières, voilà un cercle étroit et fort qu'elles ne pénétreront pas. Ce cercle a sa loi propre, irréductible aux forces de l'Argent, inaccessible aux mouvements de l'opinion : la loi naturelle du Sang. La différence d'origine est radicale. Les pouvoirs ainsi nés fonctionnent parallèlement aux pouvoirs de l'Argent ; ils peuvent traiter et composer avec eux, mais ils peuvent leur résister. Ils peuvent, eux aussi, diriger l'Opinion, s'assurer le concours de l'Intelligence et la disputer aux sollicitations de l'Argent.

Changeons ici notre point de vue. Regardons chez nous du dehors, avec des yeux d'Allemand ou d'Anglais : si la France du Second Empire, gouvernement d'opinion, eut un rôle passif vis-à-vis de l'Argent et se laissa tromper par lui, l'Angleterre et l'Allemagne, gouvernements héréditaires, exercèrent sur lui un rôle actif et l'intéressèrent au succès de leur politique. Elles se servirent de lui, elles ne le servirent pas. En le contraignant à peser sur l'Intelligence française, qui pesa à son tour sur l'Opinion française, elles le firent l'avant-garde de leur diplomatie et de leur force militaire. Avant-garde masquée, ne jetant point l'alarme, mais d'autant plus à redouter.

Même à l'intérieur de l'Allemagne ou de l'Angleterre, l'argent, guidé par la puissance politique héréditaire, obtient la même heureuse influence sur l'Opinion ; Monsieur de Bismarck eut ses journalistes, sans lesquels il eût pu douter du succès de ses coups les mieux assénés. Le coup de la dépêche d'Ems suppose la complicité enthousiaste d'une presse nombreuse et docile ; il donna ainsi le modèle de la haute fiction d'Etat jetée au moment favorable, et calculée pour éclater au point sensible du public à soulever.

Les journalistes démocrates, qui répètent d'un ton vainqueur qu'on n'achète pas l'Opinion, devraient étudier chez Bismarck comment on la trompe.

23. — L'Etat esclave, mais tyran

Heureux donc les peuples modernes qui sont pourvus d'une puissance politique distincte de l'Argent et de l'Opinion ! Ailleurs, le problème n'est peut-être que d'en retrouver un équivalent. Mais ceci n'est pas très facile en France, et l'on voit bien pourquoi.

Avant que notre Etat se fût fait collectif et anonyme sans autres maîtres que l'Opinion et l'Argent, tous deux plus ou moins déguisés aux couleurs de l'Intelligence, il était investi de pouvoirs très étendus sur la masse des citoyens. Or, ces pouvoirs anciens, l'Etat nouveau ne les a pas déposés, bien au contraire. Les maîtres invisibles avaient intérêt à étendre et à redoubler des pouvoirs qui ont été étendus et redoublés en effet. Plus l'Etat s'accroissait aux dépens des particuliers, plus l'Argent, maître de l'Etat, voyait s'étendre ainsi le champ de sa propre influence ; ce grand mécanisme central lui servait d'intermédiaire : par là, il gouvernait, il dirigeait, il modifiait une multitude d'activités dont la liberté ou l'extrême délicatesse échappent à l'Argent, mais n'échappent point à l'Etat. Exemple : une fois maître de l'Etat, et l'Etat ayant mis la main sur le personnel et sur le matériel de la religion, l'Argent pouvait agir par des moyens d'Etat sur la conscience des ministres des cultes et, de là, se débarrasser de redoutables censures. La religion est, en effet, le premier des pouvoirs qui se puisse opposer aux ploutocraties, et surtout une religion aussi fortement organisée que le catholicisme : érigée en fonction d'Etat, elle perd une grande partie de son indépendance et, si l'Argent est maître de l'Etat, elle y perd son franc-parler contre l'Argent. Le pouvoir matériel triomphe sans contrôle de son principal antagoniste spirituel.

Si l'Etat vient à bout d'une masse de plusieurs centaines de milliers de prêtres, moines, religieux et

Asservissement

autres bataillons ecclésiastiques, que deviendront devant l'Etat les petites congrégations flottantes de la pensée dite libre ou autonome ? Le nombre et l'importance de celles-ci sont d'ailleurs bien diminués, grâce à l'Université, qui est d'Etat. Avec les moyens dont l'Etat dispose, une obstruction immense se crée dans le domaine scientifique, philosophique, littéraire. Notre Université entend accaparer la littérature, la philosophie, la science. Bons et mauvais, ses produits administratifs étouffent donc, en fait, tous les autres, mauvais et bons. Nouveau monopole indirect au profit de l'Etat. Par ses subventions, l'Etat régente ou du moins surveille nos différents corps et compagnies littéraires ou artistiques ; il les relie ainsi à son propre maître, l'Argent ; il tient de la même manière plusieurs des mécanismes par lesquels se publie, se distribue et se propage toute pensée. En dernier lieu, ses missions, ses honneurs, ses décorations lui permettent de dispenser également des primes à la parole et au silence, au service rendu et au coup retenu. Les partis opposants, pour peu qu'ils soient sincères, restent seuls en dehors de cet arrosage systématique et continuel. Mais ils sont peu nombreux, ou singulièrement modérés, respectueux, diplomates : ce sont des adversaires qui ont des raisons de craindre de se nuire à eux-mêmes en causant au pouvoir quelque préjudice trop grave. L'Etat français est uniforme et centralisé ; sa bureaucratie atteignant jusqu'aux derniers pupitres d'école du dernier hameau, un tel

Etat se trouve parfaitement muni pour empêcher la constitution de tout adversaire sérieux, non seulement contre lui-même, mais contre la ploutocratie dont il est l'expression.

L'Etat-Argent administre, dore et décore l'Intelligence ; mais il la musèle et l'endort. Il peut, s'il le veut, l'empêcher de connaître une vérité politique et, si elle voit cette vérité, de la dire, et, si elle la dit, d'être écoutée et entendue. Comment un pays connaîtrait-il ses besoins, si ceux qui les connaissent peuvent être contraints au silence, au mensonge, ou à l'isolement ?

24. — L'esprit révolutionnaire et l'Argent

Je sais la réponse des anarchistes :

— Eh bien, on le saura et on le dira ; l'Opinion libre fournira des armes contre l'Opinion achetée. L'Intelligence se ressaisira. Elle va flétrir cet Argent qu'elle vient de subir. Ce n'est pas d'aujourd'hui que la ploutocratie aura tremblé devant les tribuns.

Nouvelle illusion d'une qualité bien facile !

Si des hommes d'esprit ne prévoient aucune autre revanche contre l'Argent que la prédication de quelque Savonarole laïque, les gens d'affaires ont pressenti l'événement et l'ont prévenu. Ils se sont assuré la complicité révolutionnaire. En ouvrant la plupart des feuilles socialistes et anarchistes et nous informant du nom de leurs bailleurs de fonds, nous vérifions que les plus violentes tirades contre les riches sont soldées par la ploutocratie des deux mondes. A la littérature officielle, marquée par des timbres et des contre-seings d'un Etat qui est le prête-nom de l'Argent, répond une autre littérature, qui n'est qu'officieuse encore et que le même Argent commandite et fait circuler. Il préside ainsi aux attaques et peut les diriger. Il les dirige en effet contre ce genre de richesses qui, étant engagé dans le sol ou dans une industrie définie, garde quelque chose de personnel, de national et n'est point la Finance pure. La propriété foncière, le patronat industriel offrent un caractère plus visible et plus offensant pour une masse prolétaire que l'amas invisible de millions et de milliards en papier. Les détenteurs des biens de la dernière sorte en profitent pour détourner contre les premiers les fières impatiences qui tourmentent tant de lettrés.

Mais le principal avantage que trouve l'Argent à subventionner ses ennemis déclarés provient de ce que l'Intelligence révolutionnaire sort merveilleusement avilie de ce marché. Elle y perd sa seule source d'autorité, son honneur : du même coup, ses vertueuses protestations tombent à plat.

La Presse est devenue une dépendance de la finance. Un révolutionnaire, Monsieur Paul Brulat, a parlé récemment de sauver *l'indépendance de la Pensée humaine*. Il la voyait donc en danger. « La combinaison financière a tué l'idée, la réclame a tué la critique. » Le rédacteur devient un « salarié », « son rôle est de divertir le lecteur pour l'amener jusqu'aux annonces de la quatrième page. » « On n'a que faire de ses convictions. Qu'il se soumette ou se démette. La plupart, dont la plume est l'unique gagne-pain, se résignent, deviennent des valets. » Aussi, partout « le chantage sous toutes ses formes, les éloges vendus, le silence acheté… Les éditeurs traitent ; les théâtres feront bientôt de même. La critique dramatique tombera comme la critique littéraire. »

Monsieur Paul Brulat ne croit pas à la liberté de la Presse, qui n'existe même point pour les bailleurs de fonds des journaux : « Non, même pour ceux-ci, elle est un leurre. Un journal, n'étant entre leurs mains qu'une affaire, ne saurait avoir d'autre soucis que de plaire au public, de retenir l'abonné. » Sainte-Beuve, en observant, dès 1839, que la littérature industrielle tuerait la critique, commençait à sentir germer en lui le même scepticisme que Monsieur Paul Brulat. Une même loi « libérale », disait-il, la loi Martignac, allégea la Presse « à l'endroit de la police et de la politique », mais « accrut la charge industrielle des journaux ».

Ce curieux pronostic va plus loin que la pensée de celui qui le formulait. Il explique la triste histoire de la déconsidération de la Presse en ce siècle-ci. En même temps que la liberté politique, chose toute verbale, elle a reçu la servitude économique, dure réalité, en vertu de laquelle toute foi dans son indépendance s'effaça, ou s'effacera avant peu. Cela à droite comme à gauche. On représentait à un personnage important du monde conservateur que le candidat proposé pour la direction d'un grand journal cumulait la réputation de pédéraste, d'escroc et de maître-chanteur : « Oh ! » murmura ce personnage en haussant les épaules, « vous savez bien qu'il ne faut pas être trop difficile en fait de journalistes ! » L'auteur de ce mot n'est cependant pas duc et pair ! Il peignait la situation. On discuta jadis de la conviction et de l'honorabilité des directeurs de journaux. On discute de leur surface, de leur solvabilité et de leur crédit. Une seule réalité énergique importe donc en journalisme : l'Argent, avec l'ensemble des intérêts brutaux qu'il exprime. Le temps paraît nous revenir où l'homme sera livré à la Force pure, et c'est dans le pays où cette force a été tempérée le plus tôt et le plus longtemps, que se rétablit tout d'abord, et le plus rudement, cette domination.

25. — L'âge de fer

Une certaine grossièreté passe dans la vie. La situation morale du lettré français en 1905 n'est plus du tout ce qu'elle était en 1850. La réputation de l'écrivain est perdue. Ecrire partout, tout signer, s'appliquer à donner l'impression qu'on n'est pas l'organe d'un journal, mais l'organe de sa propre pensée, cela défend à peine du discrédit commun. Si l'on ne cesse pas d'honorer en particulier quelques personnes, la profession de journaliste est disqualifiée. Journalistes, poètes, romanciers, gens de théâtre font un monde où l'on vit entre soi ; mais c'est un enfer. Les hautes classes, de beaucoup moins fermées qu'elles ne l'étaient autrefois, beaucoup moins difficiles à tous les égards, ouvertes notamment à l'aventurier et à l'enrichi, se montrent froides envers la supériorité de l'esprit. Tout échappe à une influence dont la sincérité et le sérieux font le sujet d'un doute diffamateur.

Mais l'écrivain est plus diffamé par sa condition réelle que par tous les propos dont il est l'objet. Ou trop haut ou trop bas, c'est le plus déclassé des êtres : les meilleurs d'entre nous se demandent si le salut ne serait point de ne nous souvenir que de notre origine et de notre rang naturel, sans frayer avec des confrères, ni avoir soucis des mondains. L'expédient n'est pas toujours pratique. Renan disait que les femmes modernes, au lieu de demander aux hommes « de grandes choses, des entreprises hardies, des travaux héroïques », leur demandent « de la richesse, afin de satisfaire un luxe vulgaire ». Luxe vulgaire ou bien désir, plus vulgaire encore, de relations.

L'ancien préjugé favorable au mandarinat intellectuel conserve sa force dans la masse obscure et profonde du public lisant. Il ne peut le garder longtemps. La bourgeoisie, où l'amateur foisonne presque autant que dans l'aristocratie, s'affranchit de toute illusion favorable et de toute vénération précon-

Asservissement

çue. Son esprit positif observe qu'il y a bien quatre ou cinq mille artistes ou gens de lettres à battre le pavé de Paris en mourant de faim. Elle calcule que, des deux grandes associations professionnelles de journalistes parisiens, l'une comptait en 1896 plus du quart, et l'autre plus du tiers de ses membres sans occupation. Elle prévoit un déchet de deux ou trois mille malheureux voués à l'hospice ou au cabanon. Les beaux enthousiasmes des lecteurs de Hugo et de Vacquerie paraissent donc également devoir fléchir dans la classe moyenne.

Ils se perpétuent au-dessous, dans cette partie du gros peuple où la lecture, l'écriture et ce qui y ressemble, paraît un instrument surnaturel d'élévation et de fortune. Par les moyens scolaires qui lui appartiennent, l'Etat s'applique à prolonger une situation qui maintient le crédit de cette Intelligence, derrière laquelle il se dissimule, pour mieux dissimuler cet Argent par lequel il est gouverné. Mais il provoque le déclassement, par cela même qu'il continue à le revêtir de teintes flatteuses. Encombré de son prolétariat intellectuel, l'Etat démocratique ne peut en arrêter la crue, il est dans la nécessité de la stimuler. Les places manquent, et l'Etat continue à manœuvrer sa vieille pompe élévatoire. Les finances en souffrent quand il veut tenir parole, et le mal financier aboutit aux révolutions. Mais, s'il retire sa parole, c'est encore à des révolutions qu'il est acculé. La société ploutocratique s'est assurée tant bien que mal contre ce malheur. Elle espère le canaliser, le détourner d'elle.

Mais l'Etat s'effraie pour lui-même, et ses premières inquiétudes se font sentir.

26. — Défaite de l'Intelligence

Il faut bien se garder de croire que ces turbulences puissent ruiner de fond en comble les intérêts fondamentaux, les forces organiques de la vie civilisée. La Finance, l'activité qu'elle symbolise, doit vaincre, associant peut-être à son triomphe les meilleurs éléments du prolétariat manuel, ces ouvriers d'état qui se forment en véritable aristocratie du travail, sans doute aussi des représentants de l'ancienne aristocratie, dégradée ou régénérée par cette alliance. Le Sang et l'Or seront recombinés dans une proportion inconnue. Mais l'Intelligence, elle, sera avilie pour longtemps ; notre monde lettré, qui paraît si haut aujourd'hui, aura fait la chute complète, et, devant la puissante oligarchie qui syndiquera les énergies de l'ordre matériel, un immense prolétariat intellectuel, une classe de mendiants lettrés comme en a vu le moyen âge, traînera sur les routes de malheureux lambeaux de ce qu'auront été notre pensée, nos littératures, nos arts.

Le peuple en qui l'on met une confiance insensée se sera détaché de tout cela, avec une facilité qu'on ne peut calculer mais qu'il faut prévoir. C'est sur un bruit qui court que le peuple croit à la vertu de

Asservissement

l'Intelligence ; ceux qui ont fait cette opinion ne seront pas en peine de la défaire.

Quand on disait aux petites gens qu'un petit homme, simple et d'allures modestes, faisait merveille avec sa plume et obtenait ainsi une gloire immortelle, ce n'était pas toujours compris littéralement, mais le grave son des paroles faisait entendre et concevoir une destinée digne de respect, et ce respect tout instinctif, ce sentiment presque religieux étaient accordés volontiers. L'éloge est devenu plus net quand, par littérature, esthétique ou philosophie, on a signifié gagne-pain, hautes positions, influence, fortune. Ce sens clair a été trouvé admirable, et il est encore admiré. Patience, et attendez la fin. Attendez que Menier et Géraudel aient un jour intérêt à faire entendre au peuple que leur esprit d'invention passe celui de Victor Hugo, puisqu'ils ont l'art d'en retirer de plus abondants bénéfices ! Le peuple ne manquera pas de générosité naturelle. Il n'est pas disposé à tout évaluer en argent. Mais lui a-t-on dit de le faire, il compte et compte bien. Vous verrez comme il saura vous évaluer. Le meilleur, le moins bon, et le pire de nos collègues sera classé exactement selon la cote de rapport. Jusqu'où pourra descendre, pour regagner l'estime de la dernière lie du peuple, ce qu'on veut bien nommer « l'aristocratie littéraire », il est aisé de l'imaginer. Le lucre conjugué à la basse ambition donnera ses fruits naturels.

Littérature deviendra synonyme d'ignominie. On entendra par là un jeu qui peut être plaisant, mais dénué de gravité, comme de noblesse. Endurci par la tâche, par la vie au grand air et le mélange de travail mécanique et des exercices physiques, l'homme d'action rencontrera dans cette commune bassesse des lettres et des arts de quoi justifier son dédain, né de l'ignorance. S'il a de la vertu, il nommera aisément des dépravations les raffinements du goût et de la pensée. Il conclura à la grossièreté et à l'impolitesse, sous prétexte d'austérité. C'en sera fait dès lors de la souveraine délicatesse de l'esprit, des recherches du sentiment, des graves soins de la logique et de l'érudition. Un sot moralisme jugera tout. Le bon parti aura ses Vallès, ses Mirbeau, hypnotisés sur une idée du bien et du mal conçue sans aucune nuance, appliquée fanatiquement. Des têtes d'iconoclastes à la Tolstoï se dessinent sur cette hypothèse sinistre, plus qu'à demi réalisée autour de nous... Mais, si l'homme d'action brutale qu'il faut prévoir n'est point vertueux, il sera plus grossier encore : l'art, les artistes se plieront à ses divertissements les plus vils, dont la basse littérature des trente ou quarante dernières années, avec ses priapées sans goût ni passion, éveille l'image précise. Cet homme avilira tous les êtres que l'autre n'aura pas abrutis.

Le patriciat dans l'ordre des faits, mais une barbarie vraiment démocratique dans la pensée, voilà le partage des temps prochains : le rêveur, le spéculatif pourront s'y maintenir au prix de leur dignité ou de leur bien-être ; les places, le succès ou la gloire récompenseront la souplesse de l'histrion : plus que jamais, dans une mesure inconnue aux âges de fer, la pauvreté, la solitude, expieront la fierté du héros et du saint : jeûner, les bras croisés au-dessus du banquet, ou, pour ronger les os, se rouler au niveau des chiens.

L'aventure

A moins que…

Je ne voudrais pas terminer ces analyses un peu lentes, mais, autant qu'il me semble, réelles et utiles, par un conte bleu. Cependant il n'est pas impossible de concevoir un autre tour donné aux mouvements de l'histoire future. Il suffirait de supposer qu'une lucide conscience du péril, unie à quelques actes de volonté sérieuse, suggère maintenant à l'Intelligence française, qui, depuis un siècle et demi, a causé beaucoup de désastres, de rendre le service signalé qui sauverait tout.

Elle s'est exilée à l'intérieur, elle s'est pervertie, elle a couru tous les barbares de l'univers : supposez qu'elle essaye de retrouver son ordre, sa patrie, ses dieux naturels.

Elle a propagé la Révolution : supposez qu'elle enseigne, au rebours, le Salut public.

Imaginez qu'un heureux déploiement de cette tendance nouvelle lui regagne les sympathies et l'estime, non certes officielles, ni universelles, mais qui émaneraient de sphères respectées et encore puissantes.

Imaginez d'ailleurs que l'Intelligence française comprenne bien deux vérités : — ni elle n'est, ni elle ne peut être la première des Forces nationales, — et, en rêvant cet impossible, elle se livre pratiquement au plus dur des maîtres, à l'Argent. Veut-elle fuir ce maître, elle doit conclure alliance avec quelque autre élément du pouvoir matériel, avec d'autres Forces, mais celles-ci personnelles, nominatives et responsables, auxquelles les lumières qu'elle a en propre faciliteraient le moyen de s'affranchir avec elle de la tyrannie de l'Argent.

Concevez, dis-je, la fédération solide et publique des meilleurs éléments de l'Intelligence avec les plus anciens de la nation ; l'Intelligence s'efforcerait de respecter et d'appuyer nos vieilles traditions philosophiques et religieuses, de servir certaines institutions comme le clergé et l'armée, de défendre certaines classes, de renforcer certains intérêts agricoles, industriels, même financiers, ceux-là qui se distinguent des intérêts d'Argent proprement dits en ce qu'ils correspondent à des situations définies, à des fonctions morales. Le choix d'un tel parti rendrait à l'Intelligence française une certaine autorité. Les ressources afflueraient, avec les dévouements, pour un effort en ce sens. Peut-être qu'une fois de plus la couronne d'or nous serait présentée comme elle le fut à César.

Mais il faudrait la repousser. Et aussi, en repoussant cette dictature, faudrait-il l'exercer provisoirement. Non point certes pour élever un empire reconnu désormais fictif et dérisoire, mais, selon la vraie fonction de l'Intelligence, pour *voir* et *faire voir* quel régime serait le meilleur, pour le choisir d'autorité, et, même, pour orienter les autres Forces de ce côté ; pareil chef-d'œuvre une fois réussi, le rang ultérieurement assigné à l'Intelligence dans la hiérarchie naturelle de la nation importerait bien peu, car il serait fatalement très élevé dans l'échelle des valeurs morales. L'Intelligence pourrait dire comme Romée dans le Paradis :

e ciò gli fece « et Romée fit cela,
Romeo, persona umile personne humble
e peregrina et errant pèlerin. »

En fait, d'ailleurs, et sur de pareils états de services, le haut rôle consultatif qui lui est propre lui reviendrait fatalement par surcroît.

Les difficultés, on les voit. Il faudrait que l'Intelligence fît le chef-d'œuvre d'obliger l'Opinion à sentir la nullité profonde de ses pouvoirs et à signer l'abdication d'une souveraineté fictive : il faudrait demander un acte de bon sens à ce qui est privé de sens ; mais n'est-il pas toujours possible de trouver des motifs absurdes pour un acte qui ne l'est point ?

Il faudrait atteindre et gagner quelques-unes des citadelles de l'Argent et les utiliser contre leur propre gré, mais là encore espérer n'est point ridicule, car l'Argent diviseur et divisible à l'infini peut jouer *une fois* le premier de ces deux rôles contre lui-même.

Il faudrait rassembler de puissants organes matériels de publicité, pour se faire entendre, écouter, malgré les intérêts d'un Etat résolu à ne rien laisser grandir contre lui ; mais cet Etat, s'il a un centre, est dépourvu de tête. Son incohérence et son étourderie éclatent à chaque instant. C'est lui qui, par sa politique scolaire, a conservé à l'Intelligence un reste de prestige dans le peuple ; par ses actes de foi dans la raison et dans la science, il nous a coupé quelques-unes des verges dont nous le fouettons.

Les difficultés de cette entreprise, fussent-elles plus fortes encore, seraient encore moindres que la difficulté de faire subsister notre dignité, notre honneur, sous le règne de la ploutocratie qui s'annonce. Cela, n'est pas le difficile ; c'est l'impossible. Ainsi exposé à périr sous un nombre victorieux, la qualité intellectuelle ne risque absolument rien à tenter l'effort ; si elle s'aime, si elle aime nos derniers reliquats d'influence et de liberté, si elle a des vues d'avenir et quelque ambition pour la France, il lui appartient de mener la réaction du désespoir. Devant cet horizon sinistre, l'Intelligence nationale doit se lier à ceux qui essayent de faire quelque chose de beau avant de sombrer. Au nom de la raison et de la nature, conformément aux vieilles lois de l'univers, pour le salut de l'ordre, pour la durée et les progrès d'une civilisation menacée, toutes les espérances flottent sur le navire d'une Contre-Révolution.

Charles Maurras